BILBO
JEUNESSE

Pour Céline
et Johanie
Bonne lecture!
Elaine xx

Une histoire du tonnerre

De la même auteure

UNE HISTOIRE TIRÉE PAR LA QUEUE, Coll. Bilbo, Montréal, Éditions Québec Amérique, 1999.

Une histoire du tonnerre

ÉLAINE TURGEON

ILLUSTRATIONS : MICHEL ROULEAU

QUÉBEC AMÉRIQUE JEUNESSE

329, rue de la Commune O., 3e étage, Montréal (Québec) H2Y 2E1, (514) 499-3000

Données de catalogage avant publication (Canada)

Turgeon, Élaine

Une histoire du tonnerre

(Bilbo-jeunesse; 93)

ISBN 2-7644-0079-9

I. Rouleau, Michel. II. Titre. III. Collection.

PS8589.U697H56 2000 jC843'.54 C00-941418-5

PS9589.U697H56 2000

PZ23.T87Hi 2000

Les Éditions Québec Amérique bénéficient du programme de subvention globale du Conseil des Arts du Canada. Elles tiennent à remercier la SODEC pour son appui financier.

Le Conseil des Arts du Canada | The Canada Council for the Arts

SODEC Québec

Nous reconnaissons l'aide financière du gouvernement du Canada par l'entremise du Programme d'aide au développement de l'industrie de l'édition (PADIÉ) pour nos activités d'édition.

Diffusion :
Messageries ADP
955, rue Amherst
Montréal (Québec) H2L 3K4
(514) 523-1182
extérieur : 1-800-361-4806 • télécopieur : (514) 939-0406

Dépôt légal : 3e trimestre 2000
Bibliothèque nationale du Québec
Bibliothèque nationale du Canada

Révision linguistique : Diane Martin
Montage : Édiscript enr.

À Michel,
ma bonne étoile

-1-

—Tonnerre de tonnerre!

Flavie n'en croit pas ses yeux. Il neige en plein mois d'août! Une vraie tempête, une grosse, avec des bourrasques de vent et d'énormes flocons blancs qui viennent s'écraser dans la fenêtre de sa chambre. La température a chuté de 20 degrés en une seule nuit et le ciel a déversé une bordée de vingt-cinq centimètres de neige. Juste au moment où l'école allait commencer. Comme si tous les enfants de la ville de Montréal avaient souhaité que cette tempête leur tombe sur la tête, pour les empêcher d'aller à leur première journée de classe.

Flavie court d'une pièce à l'autre pour s'assurer que ses yeux ne lui jouent pas des tours. De la fenêtre de la salle de bain, on ne voit rien. Tout est givré. Flavie imprime le bout de son nez dans le givre. C'est froid. De la fenêtre du salon, le spectacle est saisissant. Les voitures sont recouvertes de neige et les rues ont l'air d'une immense piste de ski de fond. Flavie se pince. Non, elle est bien réveillée.

Flavie se dirige vers la porte pour prendre le journal. Le vent froid qui pénètre dans la maison la fait frissonner. Elle regarde la date du journal : 29 août. Elle ne rêve pas. Elle ne sort pas non plus d'un coma profond qui l'aurait menée jusqu'au mois de décembre sans qu'elle s'en aperçoive. Il neige en plein mois d'août!

—Grand-maman, tu as vu ça? Un vrai cadeau du ciel, cette tempête!

—Atchoum! lui répond sa grand-mère du fond de sa chambre.

C'est que Marguerite s'est réveillée avec un gros rhume. Ses yeux sont rouges et bouffis, son nez a doublé de volume et elle frissonne malgré la chaleur de son grand lit douillet.

—Je ne me sens pas très bien, ce matin, annonce Marguerite en se mouchant bruyamment.

—Pauvre mamie, murmure Flavie en lui touchant le front. Je vais te préparer un bouillon chaud. Ça va te faire du bien.

À la radio, on parle de la tempête du siècle. C'est qu'on ne voit pas souvent une tempête de neige en plein mois d'août. Dans les jardins, les tomates et les concombres se sont transformés en « popsicles ». Les serviettes de plage, suspendues aux cordes à linge, ont gelé dans une position qui leur donne l'allure de « crazy carpets ». Les voitures n'ont pas chaussé leurs pneus d'hiver et hier encore, les employés de la ville tondaient le gazon.

— Grand-maman, est-ce qu'on peut tondre la neige? lance Flavie entre deux fous rires.

Marguerite ne répond pas. Elle s'est rendormie. Flavie borde sa grand-mère et dépose un bol de bouillon à son chevet. Méow se faufile entre les jambes de Flavie pour demander la porte. Il veut débusquer les dernières épingles à linge de l'été. C'est que Méow est trop vieux pour chasser les oiseaux. Il s'est donc résigné à faire la chasse aux épingles à linge. Il parcourt les jardins de tout le quartier pour traquer les imprudentes, tombées de la corde à linge. Il en rapporte des centaines par été, qu'il dépose aux pieds de Marguerite, comme un trophée. Pour ne pas le peiner, Marguerite le félicite à chacune de ses prises. Mais ça la rend un peu mal à l'aise vis-à-vis des voisins qui ne comprennent pas où peuvent bien disparaître toutes leurs épingles à linge. Flavie ouvre la porte à Méow. Mais il fait vite demi-tour en apercevant toute la neige qui recouvre le jardin.

Ça y est, on vient d'annoncer, à la radio, la fermeture de toutes les écoles sur l'île de Montréal. On croirait entendre les enfants de toute la ville qui lancent un seul et unique cri de joie. Ils sont nombreux à envahir les rues et les parcs, armés de seaux et de pelles de plage pour faire des forts et des bonshommes de neige.

-2-

À midi, Marguerite a une forte poussée de fièvre. Allongée dans son lit, elle se plaint d'un vilain mal de tête. Dehors, le mercure a grimpé de plusieurs degrés et la chaleur a fait fondre les premiers bancs de neige de cet hiver précoce. Tout au plus, de petits îlots de neige restent çà et là, sur la pelouse qui reprend doucement sa place dans la fin de cet étrange été.

Au milieu de l'après-midi, le soleil plombe de tous ses rayons. Flavie apporte des compresses d'eau froide à Marguerite pour faire baisser sa température. À l'extérieur, le mercure grimpe toujours et la chaleur est accablante. Les piscines de la ville sont rouvertes, les vendeurs de crème glacée et de ventilateurs font des ventes records. On n'a jamais vu un temps si changeant. Les météorologues ne savent plus où donner de la tête et se perdent en explications savantes.

En début de soirée, Marguerite va un peu mieux. Sa fièvre est tombée et, à l'extérieur, la température a baissé. Pour lui changer les idées, Flavie propose à sa grand-mère d'écouter un drame sentimental à la télévision. Elles s'installent au salon avec une boîte de mouchoirs sur chaque genou.

À la télévision, un homme annonce à sa fiancée qu'il est

atteint d'une maladie rare et incurable et qu'il n'a plus que quelques semaines à vivre. En plus, son petit chien vient de disparaître mystérieusement. Le pauvre homme est désespéré. Marguerite et Flavie sont si émues qu'elles n'entendent pas Méow qui miaule à la fenêtre pour qu'on le fasse entrer. Dehors, une fine pluie commence à tomber.

À la télévision, l'homme retrouve son petit chien qu'il croyait perdu à jamais. Le chien court vers son maître, le maître court vers son chien. Marguerite et Flavie pleurent à chaudes larmes. À l'extérieur, la pluie se change en averse. Le sol du salon est jonché de petites boules de mouchoirs de papier. Méow, qui est maintenant complètement trempé, s'agrippe à la moustiquaire pour appeler Marguerite et Flavie.

L'homme meurt, entouré de son petit chien et de tous les siens. Marguerite et Flavie sanglotent dans leurs mouchoirs.

Méow s'accroche au cadre de la fenêtre et lutte pour ne pas être emporté par les trombes d'eau qui déferlent de la gouttière.

Quand Marguerite voit enfin le pauvre minou mouillé, il pleut à boire debout. Méow entre dans la maison et dégouline vers la salle de bain en lançant un regard furieux à Marguerite et à Flavie.

—Pauvre Méow. Excuse-moi. J'étais tellement prise par le film que je ne me suis même pas rendu compte qu'il s'était mis à pleuvoir.

—Je dirais plutôt que c'est le déluge, mamie. À croire que nos larmes ont provoqué l'averse!

Dans son lit, Flavie repense à cette étrange journée. Marguerite qui a le rhume, la tempête de neige. La fièvre de Marguerite, la température qui grimpe. Les larmes de Marguerite, l'averse. Marguerite aurait-elle une influence sur le temps qu'il fait?

-3-

Le dimanche matin en se réveillant, Flavie décide de faire appel à son cousin, Alex, qui a la réputation de s'y connaître en tempêtes et en désastres. Il est plutôt du genre catastrophe ambulante.

—Allô, Alex? C'est Flavie. Viens me rejoindre au parc, j'ai besoin de tes connaissances en farces et attrapes.

Au parc, Alex explique à Flavie comment se procurer du

poivre à éternuer, par quel moyen on arrive à fabriquer de la poudre à gratter et de quelle façon on peut surprendre quelqu'un avec un seau d'eau, placé sur le haut du cadre d'une porte. Mais ce qui retient l'attention de Flavie, c'est le poivre à éternuer.

De retour à la maison, Flavie prépare le déjeuner pour Marguerite. Elle fait sa recette secrète de gruau aux bananes séchées et aux pépites de chocolat. C'est le déjeuner favori de sa grand-mère. Parfois, Flavie y ajoute même de la confiture d'abricots. Mais ce matin, elle y met un ingrédient spécial : du poivre à éternuer.

Méow, confortablement installé sur le dessus du réfrigérateur, observe Flavie. L'odeur du gruau lui fait frétiller les moustaches. En deux sauts, il se retrouve aux pieds de Flavie pour avoir sa part de déjeuner. Méow est friand de la nourriture des humains. Il raffole de la pizza et il adore les spaghetti-boulettes. Mais ce qu'il préfère par-dessus tout, ce sont les pépites de chocolat.

—T'as faim, hein mon minou?

—Rrrrouââw, lui répond Méow en se frottant avec ferveur contre les mollets de sa maîtresse.

Flavie lui sert une petite portion de gruau, qu'elle arrose généreusement de pépites de chocolat. Elle y ajoute un peu de cannelle en poudre pour masquer l'odeur du poivre à éternuer. Méow se précipite sur son bol et prend une bouchée du gruau, transformé pour l'occasion en bombe à retardement.

—ATCHOUM! fait le pauvre chat qui est projeté dans les airs à chaque éternuement.

Méow lance un regard furibond à Flavie avant de s'enfuir à toute allure vers la garde-robe de l'entrée.

—Pauvre Méow! En tout cas, ça fonctionne. Heureusement, Alex m'a assurée que l'effet était de courte durée, murmure Flavie en servant une part de gruau pour sa grand-mère et une pour elle.

—Mamie, viens! Je t'ai préparé une surprise! crie Flavie en direction de la salle de bain où Marguerite est en train de faire sa toilette.

À la radio, on annonce une belle journée ensoleillée, sans aucune trace de vent.

—C'est parfait pour tenter ma première expérience, se dit Flavie.

En arrivant dans la cuisine, Marguerite sent la bonne odeur de gruau, mélangée à celle de la cannelle.

—Hum! tu m'as préparé mon petit gruau spécial?

—Oui, un gruau très très spécial, murmure Flavie en ouvrant la fenêtre.

Marguerite s'installe à table pour déguster son déjeuner. Elle porte la cuillère à sa bouche et s'arrête.

—Il me semble qu'il a une drôle de couleur ton gruau, ce matin, Flavie.

—C'est parce que j'ai mis beaucoup de cannelle, mamie, répond Flavie en détournant les yeux.

Marguerite prend une première bouchée. Ses yeux

s'agrandissent et de petits chatouillements font frémir son nez. Elle laisse tomber sa cuillère sur le sol.

—A... A... ATCHOUM! fait Marguerite.

Au même moment, un coup de vent entre par la fenêtre, faisant frissonner les rideaux.

—A... A... A... AAAATCHOUM!

Cette fois, une grosse bourrasque de vent entre dans la cuisine et fait voler, dans les airs, le journal et tous les papiers posés sur la table.

—A... A... A... A... AAAAATCHHHOUUM! fait encore Marguerite.

Dehors, il y a maintenant un vent à écorner les bœufs. Les vêtements accrochés aux cordes à linge se détachent et s'envolent dans les airs. Les oiseaux sont déviés de leur trajectoire et des chapeaux sont arrachés de la tête des passants pour se retrouver accrochés au sommet des lampadaires.

Marguerite, qui ne s'est aperçue de rien, prend un mouchoir

et se rassied tranquillement à la table. Dehors, le vent a un dernier soubresaut avant de disparaître totalement en laissant la journée aussi calme qu'elle l'était cinq minutes auparavant. Méow sort de sa cachette pour aller débusquer les innombrables épingles à linge tombées des cordes à linge.

—Mais qu'est-ce que tu as mis dans ton gruau pour qu'il me fasse éternuer comme ça? demande Marguerite en reprenant son souffle.

—Je crois que je me suis trompée dans mes ingrédients, bredouille Flavie. J'ai dû confondre la cannelle avec le poivre.

Flavie en est quitte pour une bonne frousse. Son expérience vient de confirmer sa crainte de la veille. Marguerite semble avoir une influence sur le temps qu'il fait. Pour vérifier son hypothèse, qui devient de plus en plus une certitude, Flavie songe à une seconde expérience. Après tout, si sa grand-mère a un pouvoir sur le temps qu'il fait, il faudra bien que Flavie le lui prouve et, pour ça, elle a besoin de preuves.

-4-

Le lendemain matin, il fait un soleil éclatant. Flavie prépare le déjeuner de Méow, mais celui-ci est resté méfiant depuis sa mésaventure de la veille. Il flaire prudemment le contenu de son bol avant de se risquer à y goûter.

—Flavie? lance Marguerite de la salle de bain. As-tu vu mes lunettes? Je ne les trouve plus.

Marguerite est, depuis sa plus tendre enfance, myope comme une taupe. Comme elle est de nature plutôt coquette, elle a des verres de contact et ne porte qu'à l'occasion ses lunettes.

—Non. Où les as-tu mises la dernière fois? lui répond Flavie du ton le plus naturel possible.

—Je ne sais plus. Mais... mais voyons! Mes verres de contact ont disparu eux aussi! Viens vite m'aider, Flavie, je ne vois rien!

Flavie se dirige lentement vers la salle de bain en jetant un coup d'œil à la fenêtre. Le ciel s'est couvert et le soleil est complètement dissimulé par une bande de nuages sombres. Des bruits parviennent de la salle de bain. Marguerite ouvre tous les tiroirs et fouille partout pour trouver son étui à verres de contact ou ses lunettes. Elle met la main sur une paire de ciseaux et, croyant avoir trouvé ses lunettes, tente de les mettre sur le bout de son nez.

—Qu'est-ce que tu fais là, mamie? s'exclame Flavie en essayant de ne pas trop rire. Ce ne sont pas tes lunettes, ça. C'est une paire de ciseaux!

—Ho là là! Aide-moi, Flavie. Je n'y vois plus rien. Tout est embrouillé! se plaint Marguerite en plissant les yeux.

—Allons, mamie, va t'asseoir dans la cuisine, je vais essayer de les trouver.

Marguerite se dirige à tâtons vers la cuisine, accrochant meubles et objets au passage.

—Ouille! s'écrie-t-elle en se cognant les orteils contre le pied d'une table.

Elle s'appuie au mur pour se guider dans le couloir.

—Ayoye donc! s'exclame-t-elle en se heurtant la tête à une plante suspendue.

Elle décide finalement de s'asseoir au salon, le trajet pour se rendre à la cuisine lui semblant trop parsemé d'embûches pour une personne myope qui ne trouve plus ses lunettes.

Flavie, qui a caché les lunettes et l'étui à verres de contact de Marguerite au fond de sa poche de salopette, fait semblant de chercher dans la salle de bain. Elle déplace des objets, ouvre et ferme bruyamment les tiroirs.

—Je ne les vois nulle p...

Flavie n'a pas le temps de terminer sa phrase. Elle se fige au milieu de la pièce, interloquée, à la vue du tableau qui s'offre à ses yeux. Dans le salon, Marguerite est assise au milieu d'un brouillard épais qui se répand dans la pièce depuis la fenêtre ouverte de la cuisine. Dehors, une brume dense s'est levée et a recouvert la maison. Marguerite, qui ne s'est aperçue de rien, puisqu'elle n'y voit rien, attend patiemment que Flavie retrouve ses lunettes.

Flavie, muette et la bouche ouverte, traverse l'épais nuage humide du salon pour aller mesurer l'étendue des dégâts à l'extérieur. Elle n'en croit pas ses yeux. On n'y voit rien. Tout est caché par une brume épaisse. On dirait que la maison est enveloppée dans un gros nuage de vapeur. Les vitres sont recouvertes de buée. Et le plus étrange, c'est qu'on dirait que le brouillard entoure uniquement leur maison.

Flavie entre à l'intérieur, la bouche toujours ouverte, et prend, comme une automate, les lunettes de sa grand-mère au fond de sa poche.

—Tiens, mamie. Je les ai trouvées. Elles étaient... heu... sur la table de la cuisine, bredouille Flavie, impressionnée par ce qui lui apparaît maintenant de plus en plus évident : Marguerite a *vraiment* une influence sur le temps qu'il fait.

-5-

Flavie décide de faire appel à la seule personne capable de croire à une histoire pareille. Elle téléphone à monsieur Vacherin, le détective privé spécialiste des causes désespérées, qui lui a déjà été fort utile dans une autre situation où personne ne la croyait[1].

—Monsieur Vacherin? C'est Flavie Campagne. J'aurais besoin de vos services. Peut-on se rencontrer? C'est urgent! lui débite Flavie sans reprendre son souffle.

---

1. Voir *Une histoire tirée par la queue.*

—Bien sûr. Viens me rejoindre à mon bureau. Tu connais le chemin?

—Oui, j'y serai après l'école. À cet après-midi!

En arrivant au bureau du détective, Flavie trouve la porte entrouverte. Monsieur Vacherin se tient au fond de la pièce. Il est penché au-dessus d'un aquarium et parle avec le poisson qui y nage. Monsieur Vacherin est vêtu d'une drôle de façon. Il porte un bas bleu et un bas brun et son chandail est visiblement à l'envers. L'étiquette de ce dernier, qui sort négligemment de son col, vient confirmer à Flavie que, décidément, monsieur Vacherin est distrait.

—Hum, hum, fait Flavie en entrant dans la pièce.

—Oh! bonjour, ma petite! Je suis content de te voir. Je nourris Maurice et je suis à toi tout de suite. Tu te souviens de Maurice? demande monsieur Vacherin en désignant l'aquarium.

—Bien sûr. Comment va-t-il?

—Oh, très bien, il est en visite pour le week-end, répond le détective en donnant quelques miettes de hamburger à son poisson. Et comment va ta grand-mère?

—Elle va très bien. Mais il se passe des choses bizarres, très très bizarres à la maison.

Monsieur Vacherin s'installe derrière son bureau et écoute Flavie raconter comment elle en est venue à soupçonner que sa grand-mère était responsable de certaines perturbations météorologiques. Il ne lève même pas le sourcil, mais hoche simplement la tête à chaque nouvelle preuve que Flavie apporte.

—Je sais que tout ça a l'air incroyable, monsieur Vacherin, mais je vous supplie de me croire.

—Mais je te crois, ma petite. Je n'ai même aucune difficulté à te croire. C'est très fréquent, ce genre de phénomène. Ça s'appelle de l'autométéorologie ou, si tu préfères, de la météo instantanée. Tous les cas répertoriés se sont produits pendant des années bissextiles, comme cette année. Je peux te citer des cas célèbres de personnes qui ont déclenché des catastrophes, explique-t-il en regardant Flavie par-dessus ses petites lunettes rondes.

Monsieur Vacherin se lève pour fouiller dans sa grande bibliothèque. Il prend un gros livre rouge.

—Hum, non. Ça, ce sont les personnes qui prétendent avoir été enlevées par des extraterrestres.

Il repose le livre sur sa tablette et en choisit un autre.

—Voyons voir. Non, celui-là, c'est celui qui parle des personnes qui affirment avoir vu le monstre du lac Pohénégamook. Tiens, le voici! dit-il en prenant un livre qui porte les marques du temps sur sa couverture.

Le livre paraît avoir survécu à un naufrage. Monsieur Vacherin parcourt rapidement les pages défraîchies, à la recherche d'une information.

—Oui, voilà! dit-il à Flavie en lui montrant une vieille photo. On raconte ici qu'en 1932 un homme qui avait le hoquet depuis une semaine a provoqué un tremblement de terre en Italie. La même année, toujours en Italie, un homme qui avait le rhume des foins aurait causé des vents atteignant 100 kilomètres à l'heure. Certains prétendent même que c'est lui qui aurait fait pencher la tour de Pise.

Flavie n'en revient pas. Marguerite peut-elle provoquer ce genre de catastrophe?

—Et en 1936, une femme qui avait des gaz intestinaux a fait entrer en éruption un volcan, en Équateur. Toute une ville a été détruite.

Flavie hoche la tête. Marguerite a parfois des gaz intestinaux. Ça devient dangereux.

—On raconte même, mais ça je n'en ai pas la preuve, qu'en 1940, aux États-Unis, une femme aurait provoqué un raz de ma-

rée, en se disputant avec son mari qui refusait de faire la vaisselle, ajoute monsieur Vacherin avec un air grave.

Flavie est consternée. Elle qui refuse parfois de faire le

ménage de sa chambre. D'ailleurs, Marguerite lui dit à l'occasion, pour la taquiner, qu'un ouragan semble être passé dans sa chambre…

—C'est bien ce que je pensais, répond Flavie. Il faut faire quelque chose avant que Marguerite ne provoque un désastre. Mais que peut-on faire?

—Ne t'inquiète pas. Il faut d'abord que je vérifie par moi-même si nous avons affaire à un cas authentique d'autométéorologie. Et pour ça, j'ai une idée. Rentre chez toi. J'irai vous rejoindre, toi et Marguerite, en début de soirée.

Flavie rentre chez elle, encore plus inquiète qu'avant sa visite chez monsieur Vacherin. Marguerite souffre-t-elle d'autométéorologie? Et si oui, va-t-elle provoquer des catastrophes?

Pour éviter de mettre la planète en danger, Flavie juge plus prudent de faire le ménage de sa chambre dès son retour à la maison.

-6-

Le soir venu, monsieur Vacherin quitte son bureau pour se diriger vers la maison de Marguerite et de Flavie. Les voisins se retournent sur son passage. C'est qu'on ne voit pas souvent un homme promenant une truite dans un aquarium. En effet, monsieur Vacherin tire une planche à roulettes sur laquelle est posé l'aquarium de Maurice. Il ne semble même pas remarquer les commentaires des gens qu'il croise. De fait, il a vu tellement de phénomènes étranges, dans sa vie, qu'il ne se formalise plus de rien.

Arrivé au coin de deux rues, il attache sa planche à roulettes à un parcmètre, y dépose 25 ¢ et entre, son aquarium sous le bras, dans un club vidéo.

—Bonjour, mademoiselle! lance-t-il à la jeune fille au comptoir.

—Que peut-on faire pour vous? lui répond-elle avec un air soupçonneux.

—J'aimerais louer un film d'horreur. En fait, je voudrais le film le plus effrayant que vous ayez, s'il vous plaît.

La jeune fille, qui le trouve de plus en plus bizarre, lui tend le premier film qu'elle déniche dans la section épouvante.

—Tenez, ça s'appelle *Le Monstre du lac Abitibi*. Je l'ai vu plusieurs fois et je peux vous assurer qu'il est très effrayant.

Monsieur Vacherin regarde la pochette du film. Un énorme monstre gluant et verdâtre émerge d'un lac obscur et semble prêt à sortir de la pochette pour bondir sur lui. Il en a des frissons dans le dos.

—Ça devrait suffire, dit-il en avalant sa salive.

Monsieur Vacherin paie et quitte rapidement les lieux en tenant la cassette vidéo du bout des doigts. Il se dirige ensuite vers la maison de Marguerite, en compagnie de Maurice, toujours sur sa planche à roulettes.

En ouvrant la porte, Marguerite est très surprise de voir monsieur Vacherin.

—Bonjour, Marguerite! Heu... j'ai... heu... rencontré Flavie par hasard, aujourd'hui, heu... oui, c'est ça, par hasard, bredouille monsieur Vacherin. Et je me suis dit que ce serait agréable de passer une soirée tous les trois ensemble!

—Tous les quatre, vous voulez dire? répond Marguerite en désignant Maurice, dans son aquarium. Entrez, entrez. C'est une excellente idée!

Marguerite et Flavie s'installent dans le canapé du salon pendant que monsieur Vacherin aménage un petit coin sur une table basse pour Maurice. Tout le monde est prêt à regarder le film que monsieur Vacherin a apporté.

Méow, qui a flairé l'odeur de poisson frais, observe de loin l'aquarium et attend le moment propice pour passer à l'attaque sans être vu.

À la télévision, un énorme monstre vert et dégoulinant avance lourdement vers un pauvre petit chien, figé par la peur. Marguerite et Flavie se serrent l'une contre l'autre. Dehors, le ciel se couvre. Monsieur Vacherin se cache le visage derrière un coussin du fauteuil. Méow rampe lentement sur le sol vers l'aquarium.

À l'écran, le malheureux petit chien n'arrive pas à japper. La peur le paralyse. Il est cloué sur place et tremble de tous ses membres. L'affreux monstre se rapproche toujours, traînant son corps gluant vers sa victime qui est au bord de l'évanouissement. Marguerite, au bord de la crise de nerfs, frissonne. Elle a la chair de poule. Dehors, le ciel est parcouru d'éclairs lumineux.

Méow se rapproche toujours, il est maintenant à quelques mètres de l'aquarium. Maurice, qui est lui aussi absorbé par le film, ne le voit pas venir.

À l'écran, le misérable petit chien réussit à sortir de sa torpeur et s'élance vers sa maison. Mais il n'a pas fait trois bonds qu'il est violemment stoppé.

—Ho non! crie monsieur Vacherin. C'est épouvantable!

Le poteau auquel est attaché le chien l'empêche d'aller plus loin. Il est perdu. L'affreux monstre fonce impitoyablement sur lui.

Maurice vient d'apercevoir Méow qui s'apprête à bondir sur lui, tous crocs sortis. Il tourne en rond dans son aquarium, mais c'est sans issue.

Méow se hisse sur la petite table où est posé l'aquarium du pauvre poisson.

Marguerite a la gorge sèche. Elle avale difficilement sa salive et ronge nerveusement ses ongles. Dehors, le ciel se fait de plus en plus menaçant. Le monstre lève sa répugnante patte gluante sur le petit chien horrifié. Méow lève la sienne sur le poisson terrifié.

—HAAAA! hurle Flavie.

Elle vient d'apercevoir Méow qui s'apprête à manger Maurice.

—HAAAAAA! s'écrie monsieur Vacherin.

Ça y est, le monstre ne va faire qu'une bouchée du petit chien.

—HAAAAAAAAAA! s'époumone Marguerite.

Le tonnerre gronde. Le petit chien vient de s'évanouir. Le monstre va incontestablement le réduire en bouillie.

—HAAAAAAAAA! hurlent ensemble Marguerite, Flavie et monsieur Vacherin.

Un assourdissant coup de tonnerre retentit à l'extérieur. Le film s'arrête, les lumières s'éteignent et toute la maison est plongée dans une noirceur inquiétante. Dans le salon, tout le monde est immobile. C'est Méow qui rompt le silence en trempant sa patte dans l'aquarium de Maurice. Flavie a juste le temps de l'attraper avant qu'il croque la queue de Maurice.

—C'est bien ce que je croyais! affirme monsieur Vacherin en reprenant ses esprits. Nous avons affaire à un réel cas d'autométéorologie. J'en ai maintenant la certitude.

—Mais de quoi parlez-vous, monsieur Vacherin? demande Marguerite.

—Je dis que vous êtes responsable du tonnerre et des éclairs qui viennent de provoquer cette panne d'électricité, Marguerite.

—Mais voyons, c'est impossible!

—En voulez-vous la preuve? dit monsieur Vacherin. Venez avec moi à l'extérieur.

Dehors, monsieur Vacherin fait traverser la rue à Marguerite et à Flavie. Marguerite n'en croit pas ses yeux : le ciel est dégagé et sans aucune trace de nuage, sauf au-dessus de chez elles, où il est sombre et parcouru d'éclairs. Les lumières des demeures avoisinantes sont allumées et tout indique que la panne de courant n'affecte qu'une seule maison : la leur.

-7-

Flavie et monsieur Vacherin exposent les faits à Marguerite. Il n'y a plus aucun doute : elle souffre d'autométéorologie. Marguerite est assise au fond d'un fauteuil. Elle n'ose plus ni bouger, ni même se gratter, de peur de provoquer un tremblement de terre ou un autre cataclysme du même ordre.

—Je n'en reviens tout simplement pas! s'exclame monsieur Vacherin. J'ai devant moi un authentique cas de météo instantanée. Mes collègues n'en croiront pas leurs oreilles quand je leur raconterai ça, à notre prochain congrès annuel de détectives. C'est tout à fait extraordinaire!

—Vous trouvez ça extraordinaire, vous, que je puisse à tout moment déclencher la fin du monde? dit Marguerite tout bas, de peur de provoquer un quelconque désordre climatique.

—Mais au contraire, Marguerite! Nous pouvons apprendre à contrôler ce don du ciel, si je peux m'exprimer ainsi. Car c'est réellement un don du ciel. Vous vous rendez compte?

—Vous croyez vraiment qu'on peut apprendre à contrôler le temps? demande Flavie à monsieur Vacherin.

—Je n'en ai pas la moindre idée, mais nous allons essayer!

Monsieur Vacherin passe le reste de la soirée à fouiller dans des livres, à la recherche de renseignements sur l'autométéorologie. Marguerite et Flavie, épuisées par tant d'émotions, tombent endormies dans le canapé.

Le lendemain, monsieur Vacherin explique son plan à Marguerite et à Flavie.

—Nous allons révolutionner le monde des prévisions météorologiques, lance-t-il. Ce sera fantastique! Nous ferons la pluie et le beau temps. Rien ne sera plus jamais comme avant! Si nous apprenons à utiliser cette aptitude, nous pourrons rendre d'immenses services à quiconque aura besoin d'une température précise. Nous allons offrir des services de météo à la carte!

s'exclame le détective privé, au comble de l'excitation.

—Mais si une personne demande de la pluie et une autre du soleil, comment allons-nous réussir à les satisfaire toutes les deux? demande Flavie à monsieur Vacherin.

—Nous n'accepterons que quelques demandes pour commencer, et uniquement des demandes raisonnables. Il n'est pas question de provoquer des catastrophes. Nous allons simplement rendre de petits services à des gens qui en ont vraiment besoin. Il faudra seulement faire attention à l'étendue de ces pouvoirs.

—Que voulez-vous dire? demande Flavie, inquiète à cause de la dernière phrase de monsieur Vacherin.

—Comme tu l'as sans doute remarqué, quand Marguerite a

un éternuement, cela provoque des bourrasques de vent qui cessent rapidement. Par contre, lorsqu'elle a un rhume qui dure plus longtemps, cela influence la température pour toute la ville. Tu comprends? Il faudra seulement surveiller la durée de nos... heu... appelons ça des expériences. Mais fais-moi confiance, nous allons vivre des moments palpitants!

—Ça, c'est vous qui le dites! murmure Marguerite, qui écoute tout cela avec un brin de scepticisme.

Monsieur Vacherin transforme rapidement son bureau en quartier général météorologique pendant que Marguerite et Flavie tentent de se convaincre que c'est une bonne idée.

Quelques jours plus tard, une étrange annonce est affichée sur tous les poteaux du quartier.

-8-

Les premiers appels ne se font pas attendre. Et alors, le téléphone ne dérougit plus. Monsieur Vacherin reçoit des demandes de partout et de toutes sortes. Un homme désire avoir de la pluie pour embêter sa belle-mère qui prépare un pique-nique pour le lendemain. Un autre veut que le soleil ne se couche plus. Une dame souhaite que les nuages se transforment en soucoupes volantes et une autre réclame une averse de pouding au caramel. Monsieur Vacherin juge que toutes ces demandes ne sont pas raisonnables et les refuse.

Au moment où le détective commence à se décourager et pense à tout abandonner, il reçoit l'appel d'une femme qui désire avoir une pluie d'étoiles filantes pour pouvoir faire des vœux.

—Vous êtes mon dernier recours. Je n'ai jamais eu de chance. Rien ne m'arrive jamais. Si je pouvais voir une étoile filante et faire un vœu, il me semble que ma vie s'améliorerait un peu, dit-elle, à l'autre bout du fil.

—Hum, je vais voir ce que nous pouvons faire. Surveillez le ciel dans les prochains jours. Et je vous souhaite bonne chance dans vos vœux, madame!

Monsieur Vacherin est sensible au malheur des gens malchanceux. Il faut dire qu'il est lui-même très superstitieux. Il ne passe jamais sous une échelle et fuit comme la peste les chats noirs et les chambres portant le numéro treize. Aussi, tient-il à tout mettre en œuvre pour que cette demande soit exaucée.

—Marguerite, nous avons une première cliente! On nous réclame des étoiles filantes! s'exclame monsieur Vacherin en raccrochant le téléphone.

—Des étoiles filantes? Mais comment voulez-vous que je produise des étoiles filantes? À la limite, je peux provoquer des étincelles si vous me mettez en colère! Mais des étoiles filantes, je n'y arriverai jamais!

—Allons, Marguerite, il faut essayer. C'est la seule demande sérieuse que nous ayons reçue.

Et avec un peu de chance, il y aura peut-être une étoile filante qui traversera le ciel sans que nous ayons à intervenir, insiste monsieur Vacherin.

Le soir venu, monsieur Vacherin, Marguerite et Flavie se rendent au sommet du mont Royal. Ils installent une petite table et des chaises dans un endroit isolé. Monsieur Vacherin a apporté tout ce qu'il faut pour observer le ciel : un télescope, une carte du ciel, des jumelles, un appareil photo, une caméra vidéo et même des lunettes à ultrasons. Monsieur Vacherin pointe son télescope vers le ciel et demande à Marguerite de penser très fort à des étoiles filantes.

Marguerite se concentre. Elle essaye de penser à des étoiles filantes, à des feux d'artifice, à des comètes, à des ovnis, enfin à tout ce qui ressemble de près ou de loin à des étoiles filantes. Monsieur Vacherin observe le ciel dans son long télescope.

—Ça y est! hurle-t-il en désignant un point lumineux dans le ciel.

—Mais je ne vois rien, se plaint Flavie en regardant dans la direction que montre monsieur Vacherin.

—Mais oui, là-haut! hurle-t-il en sautant dans tous les sens.

Marguerite ouvre les yeux et fixe le ciel d'un air perplexe.

—Monsieur Vacherin! Ce n'est pas une étoile filante! dit Marguerite avec un petit rire en apercevant l'avion qu'indique monsieur Vacherin.

—Un... un avion? Mais oui, heu... je... je suis désolé. Reprenons, bredouille-t-il. Marguerite, concentrez-vous davantage, cette fois!

—Je voudrais bien vous voir à ma place, vous… répond Marguerite en refermant les yeux.

—Je ne sais pas, moi! Pensez que vous êtes une astronaute, à bord d'un vaisseau interstellaire, et que vous traversez des galaxies encore inexplorées!

—Une astronaute, moi? Elle est bonne celle-là! Quoique je sois souvent dans la lune!

—Voyons, mamie, un peu de sérieux, réplique Flavie.

Entre-temps, monsieur Vacherin tente de déplacer son télescope. Il soulève le trépied pour en dévisser une des pattes. Son appareil photo glisse de son sac. Monsieur Vacherin, en équilibre sur une jambe, le télescope dans une main et le trépied dans l'autre, essaie de rattraper l'appareil photo mais, au moment où sa main le frôle, son pied glisse et il assomme Marguerite avec l'objectif de son télescope. Marguerite tombe à la renverse et se retrouve couchée de tout son long sur le sol.

—Oh non! crie Flavie en se précipitant vers Marguerite qui a perdu connaissance sous l'impact.

Une grosse bosse apparaît sur son front.

—Marguerite, est-ce que ça va? demande monsieur Vacherin en faisant des efforts pour délivrer son pied, resté coincé dans les courroies de son sac et les pattes de son trépied.

—Mamie, réponds-nous! supplie Flavie.

Marguerite ouvre un œil, puis l'autre, et se soulève doucement sur un coude.

—Je... je vois des étoiles!

—Mais non, mamie, c'est le choc. Tu es étourdie.

—Non, re... regardez là-haut! Je vois *vraiment* des étoiles, murmure Marguerite avant de reperdre connaissance.

Monsieur Vacherin et Flavie lèvent les yeux au ciel. Ils en demeurent muets. Au-dessus de leur tête, une pluie d'étoiles filantes déferle sur Montréal. On dirait un vrai feu d'artifice.

Le lendemain, monsieur Vacherin reçoit un appel de la dame qui avait demandé des étoiles filantes.

—Vous ne pouvez pas savoir comme vous m'avez rendu service, s'exclame-t-elle à l'autre bout du fil. Tous mes vœux se sont réalisés! J'ai gagné une croisière pour deux aux îles Moucmouc, dans un concours, et le plus extraordinaire, c'est que j'ai rencontré l'homme de ma vie en allant réclamer mon prix. Je suis comblée!

Marguerite, quant à elle, s'en tire avec une grosse prune sur le front, un léger mal de tête et de sérieux doutes quant à la suite des événements. Dans quelles aventures monsieur Vacherin et Flavie vont-ils encore l'entraîner?

-9-

Les jours suivants, les appels que reçoit monsieur Vacherin sont de plus en plus farfelus. Un homme demande un arc-en-ciel noir et blanc, un autre souhaite un vent musical pour accompagner sa fanfare. Il y a même une personne qui demande des météorites en chocolat. Le détective privé commence à croire que Marguerite a raison et que cette histoire d'offrir des services de météo à la carte n'est peut-être pas une si bonne idée. Mais un événement le fait changer d'avis.

Monsieur Vacherin participe depuis plusieurs années à une compétition qui lui tient beaucoup à cœur. Il s'agit d'un festival international de châteaux de cartes en plein air. Le festival existe depuis dix ans, mais chaque année il a dû être interrompu en raison d'un ennemi de taille : le vent. La onzième tentative de ce festival de châteaux de cartes en plein air se déroule, cette année, à Saint-Colomban. Monsieur Vacherin désire avoir la collaboration de Marguerite pour que sa participation au festival se déroule sans aucune bourrasque de vent. Il rêve en effet de remporter le grand prix de cette compétition, une réplique miniature du Stade olympique en cure-dents. Un vrai bijou!

Au moment où il veut proposer à Marguerite de lui donner

un petit coup de main pour contrôler le vent, une évidence lui vient à l'esprit. À chacune des occasions où Marguerite a eu une influence sur le temps, c'était toujours de façon involontaire. Peut-être après tout que Marguerite n'exerce une action sur le temps que lorsqu'elle ne le fait pas exprès? Il décide donc, cette fois, de changer de tactique et de ne rien dire à Marguerite. Le jour précédant la tenue du festival, monsieur Vacherin expose son plan à Flavie.

—Mais comment voulez-vous que Marguerite contrôle le vent? proteste Flavie.

—Ne t'inquiète pas, j'ai pensé à tout. Mais j'ai besoin de ton aide.

—Je veux bien vous aider, mais c'est la dernière fois! rouspète-t-elle.

Flavie et monsieur Vacherin discutent longtemps des préparatifs à faire.

Cette nuit-là, Marguerite ne dort pas beaucoup. Le téléphone sonne à trois reprises. Chaque fois, une voix qui lui semble familière dit s'être trompée de numéro. À trois heures du matin, son réveille-matin se met à sonner à tue-tête et à cinq heures, Méow se met de la partie en miaulant à pleins poumons pour sortir de la maison. Marguerite commence à croire que c'est une conspiration pour l'empêcher de dormir.

Quand Marguerite se lève, à sept heures, elle a les deux yeux dans le même trou. Elle se dirige comme une somnambule vers la cuisine pour se faire un café. Mais la boîte de café, qui était pourtant pleine pas plus tard qu'hier, est désespérément vide ce matin.

—La journée va être longue! marmonne Marguerite

—Tu veux une tisane à la camomille, mamie? lui offre Flavie d'un air innocent.

—Tu veux m'endormir ma parole! Après la nuit mouvementée que je viens de passer, j'aurais vraiment besoin d'un café! se plaint Marguerite.

Monsieur Vacherin vient chercher Marguerite et Flavie à neuf heures précises. En voyant l'air endormi de Marguerite, monsieur Vacherin adresse un clin d'œil complice à Flavie.

—Avez-vous passé une bonne nuit, Marguerite?

—Ne m'en parlez pas, on aurait dit que toute la ville s'était donné le mot pour m'empêcher de dormir.

Marguerite bâille dans la voiture pendant que monsieur Vacherin révise une dernière fois ses stratégies pour monter un château de cartes à toute épreuve. Arrivé sur les lieux du festival, monsieur Vacherin demande à Flavie de s'assurer que Marguerite reste bien calme, qu'elle évite le café et les sensations fortes.

—S'il le faut, fais-lui boire de la tisane calmante! N'importe quoi! Tant que Marguerite restera calme, le vent le sera aussi. Enfin, si mes prédictions sont bonnes, chuchote nerveusement monsieur Vacherin à Flavie.

Monsieur Vacherin quitte Marguerite et Flavie pour aller se préparer mentalement. La construction d'un château de cartes est une activité qui demande beaucoup de concentration et monsieur Vacherin est plutôt du type nerveux.

Flavie se promène avec Marguerite sur le site du festival. Une section est réservée à une exposition de châteaux de cartes. Il y en a de toutes les couleurs et de toutes les formes. Il y a des châteaux de cartes à jouer, des châteaux de cartes de crédit, des châteaux de cartes routières. Il y a même des châteaux de cartes de fête. Marguerite somnole et bâille. Elle a peine à garder ses yeux ouverts. Il fait soleil et, comme l'avait prévu monsieur Vacherin, il n'y a pas du tout de vent.

Ça y est, la compétition va commencer. On annonce le nom des participants, et chacun s'avance vers sa table de cartes. Tout le monde a un jeu de cartes réglementaire. Il y a des gens de tous les âges et de tous les pays. Monsieur Vacherin semble très fébrile. Marguerite et Flavie lui font des signes d'encouragement, mais monsieur Vacherin ne paraît pas les voir.

—Pauvre monsieur Vacherin! Il a l'air nerveux, hein mamie?

—Oui, je le serais, moi aussi, si je n'étais pas si fatiguée.

—Pourquoi ne vas-tu pas t'asseoir un peu pour te reposer?

—Tu as raison. Je vais aller m'asseoir sous cet arbre. Je reviendrai dans quelques minutes.

Flavie s'approche de l'endroit où se déroule la compétition. Les participants n'en reviennent pas. C'est la première année qu'ils réussissent à monter leurs châteaux de cartes sans que le vent les importune. Déjà, plusieurs châteaux comptent plus de trois étages. Le château de monsieur Vacherin, une réplique du château du Bonhomme Carnaval, fait partie de ceux-là et tout indique que le détective privé est sur la bonne voie pour gagner le premier prix. Soudain, un énorme coup de vent soulève la poussière du sol. Tous les participants lèvent les yeux au ciel.

—Ho non! s'exclame Flavie en voyant les châteaux s'effondrer et les cartes s'envoler et virevolter dans les airs, au-dessus des participants.

Tous les concurrents courent après leurs cartes qui sont emportées par les tourbillons de vent. Flavie et monsieur Vacherin échangent un regard consterné et se retournent vers Marguerite.

Sous l'arbre où elle s'est installée, Marguerite s'est endormie et elle ronfle comme une locomotive. À chacun de ses ronflements, un tourbillon de vent s'élève dans les airs et balaie tout sur son passage. Il vente tellement que la compétition doit être annulée. Pauvre monsieur Vacherin! Pour la onzième année consécutive, il rentre bredouille à Montréal.

-10-

De retour chez elle, Marguerite demande à être seule. Elle est très en colère d'avoir fait tomber à l'eau le festival de châteaux de cartes de monsieur Vacherin. Mais comme elle ne veut pas, en plus, être responsable d'un autre désordre de la météo avec une crise de colère, elle s'installe dans sa chambre pour méditer et ainsi tenter de se calmer un peu.

—Qu'allons-nous faire? demande Flavie à monsieur Vacherin.

—Je ne sais pas. Il est vrai que cette situation commence à être embarrassante. Il ne faudrait pas que Marguerite cause une catastrophe météorologique. On sait quand ça commence mais pas quand ça s'arrête, ces choses-là.

—Qu'avez-vous dit?

—J'ai dit: on sait quand ça commence mais pas...

—Mais oui, c'est ça! Il faudrait trouver quand et comment tout ça a commencé! s'exclame Flavie.

—Tu veux dire que Marguerite n'a pas toujours eu cette influence sur le temps?

—Je ne crois pas. Je m'en serais rendu compte si ça avait été le cas. Dans votre livre sur les cas d'autométéorologie, est-ce qu'on faisait mention d'un événement déclencheur?

—Le seul lien qu'on établissait, pour expliquer ce phénomène, est qu'il se produit toujours pendant une année bissextile. Tu crois que ça peut être réversible?

—Je l'espère bien! Il faut trouver la chose qui a déclenché ce phénomène chez Marguerite. C'est notre seul espoir.

Flavie et monsieur Vacherin cherchent tout l'après-midi ce qui aurait pu provoquer ce phénomène d'autométéorologie chez Marguerite. Flavie passe en revue les événements ayant précédé la tempête de neige, causée par le rhume de Marguerite, mais elle ne voit rien d'anormal qui aurait pu déclencher un tel désordre chez sa grand-mère.

Monsieur Vacherin fouille dans tous ses livres à la recherche d'une piste. Il tente même de joindre un météorologue d'Environnement Canada, mais on ne le prend pas au sérieux et on lui raccroche au nez.

Dans la chambre de Marguerite, la colère a fait place à la tristesse, et dehors une pluie fine commence à tomber sur la maison. Flavie va retrouver Marguerite dans sa chambre.

—Tu es triste, mamie?

—Mais qu'est-ce qui va m'arriver, ma petite Flavie? Je ne peux quand même pas passer le reste de mes jours dans ma maison, à tenter de contrôler le moindre de mes éternuements, hoquets ou sautes d'humeur, dit Marguerite en sanglotant.

—Ne t'en fais pas, mamie. Nous allons trouver une solution pour ramener les choses comme elles étaient avant. Ne pleure plus, mamie, tu vas encore provoquer un orage.

—Oui, je m'excuse. Tu as raison, nous devons nous concentrer sur une solution. Mais laquelle?

—Est-ce que tu vois un événement qui aurait pu déclencher tout cela, mamie?

—Je ne crois pas. Tu sais, je ne te l'ai jamais dit, mais ce n'est pas la première fois qu'une chose aussi étrange se produit avec moi. Tu vois cette photo?

—Celle de ton mariage avec grand-papa?

—Oui. N'y remarques-tu rien d'étrange?

—Je n'y ai jamais porté attention, mais maintenant que tu en parles: on dirait qu'il a plu à ton mariage.

—Oui, ma petite fille. Pour pleuvoir, il a plu! Nous avons

passé tout notre voyage de noces sous la pluie. On nous a même offert, comme cadeaux de mariage, une dizaine de parapluies.

—Mais qu'est-ce que tout cela a d'étrange? Tu as été malchanceuse avec la météo et c'est tout.

—Non, je ne crois pas que ce soit uniquement une question de malchance. Je ne t'ai jamais confié ça, mais je ne m'entendais pas très bien avec la mère de ton grand-père. Elle n'était pas favorable à notre mariage et j'ai toujours eu l'impression que c'était elle qui avait provoqué la pluie, le jour de notre mariage et les suivants. Il faisait beau partout, sauf là où nous allions. À croire que le nuage de pluie nous suivait!

Flavie observe sa grand-mère, qui joue avec sa bague en se remémorant ces vieux souvenirs. La bague qu'elle porte au doigt semble appartenir à une autre époque. Flavie ne l'a jamais remarquée avant aujourd'hui.

—Tu as une nouvelle bague, mamie?

—Oh, justement! C'est la bague que ma belle-mère m'avait offerte, la veille de nos noces. Je ne l'avais plus portée depuis et, en faisant du ménage, la semaine dernière, je…

—Tu l'as mise à ton doigt? complète Flavie.

Marguerite regarde la bague, puis la photo, puis la bague.

—Est-ce que tu penses la même chose que moi? demande Flavie en découvrant soudain la cause des événements des derniers jours.

Toutes deux se lèvent précipitamment pour retirer la bague du doigt de Marguerite. Dans l'énervement, Marguerite tire sur la bague, qui lui échappe et s'envole dans les airs. Flavie plonge pour la rattraper, mais la bague lui glisse des mains, atterrit dans le corridor et roule vers monsieur Vacherin qui observe la scène depuis le salon. Méow, attiré par cet objet roulant non identifié, s'élance vers lui comme un chasseur sur sa proie. Il fait quelques embardées, tourne sur lui-même et, d'un coup de patte, il attrape la bague.

—NON! hurlent Flavie et Marguerite en même temps.

Trop tard! Méow a avalé la bague. Flavie empoigne Méow pour lui faire recracher l'objet. Elle le secoue, lui tape dans le

dos, le brasse dans tous les sens. Tout ce que Méow réussit à faire sortir de sa gueule est un petit rot sonore qui vient confirmer qu'il a bien avalé la bague. Flavie laisse retomber Méow au sol. Furieux du traitement qu'on vient de lui infliger, le chat détale vers le jardin.

Marguerite et Flavie expliquent à monsieur Vacherin comment toute cette histoire a commencé, il y a bien longtemps, au mariage de Marguerite, et comment Méow vient d'y mettre fin.

Les jours suivants, un petit nuage sombre accompagne Méow dans ses moindres déplacements. Mais cette situation, qui amuse beaucoup Marguerite et Flavie, ne dure pas bien longtemps, car Méow se débarrasse vite de l'objet en question et l'enterre dans le jardin. Monsieur Vacherin prétend même, mais il n'en a pas la preuve, que c'est une marmotte qui l'a déterrée et avalée et que c'est elle qui fait maintenant la pluie et le beau temps.

AGMV Marquis

MEMBRE DU GROUPE SCABRINI

Québec, Canada
2000